BEI GRIN MACHT SICH IHR WISSEN BEZAHLT

- Wir veröffentlichen Ihre Hausarbeit,
  Bachelor- und Masterarbeit

- Ihr eigenes eBook und Buch -
  weltweit in allen wichtigen Shops

- Verdienen Sie an jedem Verkauf

Jetzt bei www.GRIN.com hochladen
und kostenlos publizieren

Bibliografische Information der Deutschen Nationalbibliothek:

Die Deutsche Bibliothek verzeichnet diese Publikation in der Deutschen National-bibliografie; detaillierte bibliografische Daten sind im Internet über http://dnb.d-nb.de/ abrufbar.

Impressum:

Copyright © 2018 GRIN Verlag
Druck und Bindung: Books on Demand GmbH, Norderstedt Germany
ISBN: 9783668933729

Dieses Buch bei GRIN:

https://www.grin.com/document/464820

Martin Kleefeldt

Humanwissenschaftliche Grundlagen. Kompetenzbegriff, Emotionen und Bedürfnisse in der Sozialen Arbeit

GRIN Verlag

GRIN - Your knowledge has value

Der GRIN Verlag publiziert seit 1998 wissenschaftliche Arbeiten von Studenten, Hochschullehrern und anderen Akademikern als eBook und gedrucktes Buch. Die Verlagswebsite www.grin.com ist die ideale Plattform zur Veröffentlichung von Hausarbeiten, Abschlussarbeiten, wissenschaftlichen Aufsätzen, Dissertationen und Fachbüchern.

Besuchen Sie uns im Internet:

http://www.grin.com/

http://www.facebook.com/grincom

http://www.twitter.com/grin_com

B.A. Martin Kleefeldt
Studiengang: Soziale Arbeit B.A.

Einsendeaufgabe zum Modul humanwissenschaftliche Grundlagen
Fragestellung A1, A2 und A3

SRH Fernhochschule - The Mobile University
88499 Riedlingen

A1. Der Kompetenzbegriff in der Pädagogik bzw. die Förderung von Kompetenzen an Klienten

Das Wort Kompetenz hat seinen Ursprung im lateinischen Verb „Competre" und bedeutet so viel wie „zusammentreffen". Der Begriff hat eine lange Entstehungsgeschichte hinter sich und wurde unter anderem im römischen Recht unter den Attributen „zuständig", „befugt", „rechtmäßig" und „ordentlich" geführt (vgl. Müller-Ruckwitt 2008, S, 103). Eine komplette Auflistung aller historischen Bedeutungsebenen ist hier nicht möglich. „Competentia" und „Competenz" wurden nachweißbar erst 1753 in Zedlers Universallexikon mit der heutigen Bedeutung in Zusammenhang gebracht (vgl. Erpenbeck - Rosenstil 2003, S, 18).

Heute versteht man unter Kompetenz so viel wie „zu etwas fähig sein", „zu etwas geeignet sein" oder „zu etwas befugt" sein (vgl. Arenberg 2017, S, 22).

Ein Vordenker in der Kompetenzforschung war der Psychologe Robert W. White. Er führte bereits um 1959 das Kompetenzkonzept in der Motivationspsychologie ein. Er definiert Kompetenzen als die Entwicklung bestimmter Fähigkeiten, die nicht angeboren oder durch persönliche Reifung des Individuums entstehen, sondern selbstständig erlernt werden (vgl. White 1959, S, 297f.).

Auch der Psychologe Franz Emanuel Weinert betont in seiner Definition den Charakter des Erlernbaren aber auch die Anwendungsfähigkeit des Erlernten in bestimmten Situationen durch das Individuum.

> *„[...] die bei Individuen verfügbaren oder durch sie erlernbaren kognitiven Fähigkeiten und Fertigkeiten, um bestimmte Probleme zu lösen, sowie die damit verbundenen motivationalen, volitionalen und sozialen Bereitschaften und Fähigkeiten, um die Problemlösungen in variablen Situationen erfolgreich und verantwortungsvoll nutzen zu können" (Weinert 2001, S, 27).*

Dabei ist es nicht unbedingt der Fall, dass mehr Wissen auch automatisch zu mehr Kompetenz führt. Eine gelernte Kompetenz muss nicht zwingend vom Individuum sofort umgesetzt werden. Messbar wäre eine Kompetenz erst durch eine gelungene Ausführung des Gelernten. Man spricht in diesem Zusammenhang von Performanz. Der Begriff der Performanz geht dabei auf den Sprachpsychologen Noam Chomsky zurück.

„Im Falle „normaler" Sprecher und Hörer bezeichnet Kompetenz das unbewusstes Wissen über das einer korrekten Sprachverwendung zugrunde liegende Regelsystem. Performanz bezeichnet hingegen die tatsächliche Sprachanwendung, ihr Verstehen und Produzieren, was häufig schwierig oder fehlerhaft ist" (Erpenbeck 2002, S, 2).

Es besteht also ein Unterschied zwischen der Kompetenz als erlernbarer Fähigkeit und der tatsächlichen Umsetzung und Ausführung durch das Individuum. Erst die aus der Kompetenz resultierende Handlung, die Performanz, wäre somit nachweisbar. Generell ist die empirische Messbarkeit von Kompetenzen ein wissenschaftliches Streitthema (vgl. Wittke 2006, S, 46). Auch nach Westera führt bloßes Wissen noch nicht zu einer erfolgreichen Umsetzung in der Praxis.

Westera definiert Kompetenzen dabei als:

„[…] the ability to produce successful behaviors in non-standardized situations" (Wittke 2006, S, 8).

Es sei an dieser Stelle auch auf das entsprechende Kompetenzmodell verwiesen (vgl. Arenberg 2017, S, 23). Eine einheitliche Definition des Kompetenzbegriffes scheint aufgrund der transdisziplinären Bearbeitung unrealistisch zu sein (vgl. Erpenbeck/ Rosenstiel 2003, S, 16).

Da es im weiteren Verlauf der Arbeit um die Förderung von Kompetenzen in der sozialen Arbeit gehen soll, sei als letztes auf die Definition des Pädagogen Heinrich Roth verwiesen. Er formulierte 1971 die Kompetenz als Erziehungsziel und unterteilte bereits in Selbstkompetenz, Sachkompetenz und Sozialkompetenz. Kompetenz ist folglich ein Bildungsziel.

„Kompetenz ist nach diesem Verständnis situationsbezogene Handlungsdisposition. Sie bildet die Prämisse sach- und situationsangemessenen Agieren-Könnens und hat dabei ausdrücklich keinen Anlagecharakter – der Terminus beschreibt also nicht etwa ein angeborenes Potential -, sondern ist grundsätzlich erwerbbar als Erziehungsziel gedacht." (Müller-Ruckwitt 2008, S, 188)

Es geht bei Kompetenz um die Anwendung von Wissen in unvorhersehbaren Problemsituationen und nach Roth um eine Erziehung zur adäquaten Lösung solcher Probleme durch das Individuum. Im Arbeitsbereich der Pädagogik und Sozialarbeit hat sich dabei das Modell der Handlungskompetenz durchgesetzt. Das Modell unterscheidet Selbstkompetenz, Fachkompetenz, Methodenkompetenz und

Sozialkompetenz als unterschiedliche Bereiche der Handlungskompetenz (vgl. Arenberg 2017, S, 23).

Das Konzept der Selbstkompetenz geht dabei ebenfalls auf Roth zurück. Für Ihn war sie die – „Fähigkeit, für sich selbst verantwortlich handeln zu können" (Roth 1971, S, 180). Beschäftigt man sich genauer mit den Ideen von Roth, so ist im Zusammenhang mit Selbstkompetenz oft von einer „Erziehung zur Mündigkeit" und einer Abwesenheit von Fremdbestimmung die Rede.

> „[...] verantwortliche Handlungsfähigkeit betrifft nach unserer Definition als erstes die seelische Verfassung einer Person, bei der die Fremdbestimmung soweit wie möglich durch Selbstbestimmung abgelöst ist" (Roth 1971, S,180).

Es geht bei Selbstkompetenz auch darum, die Anforderungen an das eigene Individuum durch Beruf, Familie und Gesellschaft zu erkennen und kritisch zu reflektieren. Eine Fähigkeit des selbstverantwortlichen Handelns muss dabei das Erstellen eigener Lebenspläne und -ziele, die Entdeckung und Förderung eigener Potentiale sowie die Entwicklung differenzierter Werte- und Moralvorstellungen beinhalten (vgl. Richter 2007, S, 11).

Unter Fachkompetenz werden dagegen die Fähigkeiten genannt, welche notwendig sind, um in einem spezifischen Fachgebiet eine Leistung zu erbringen sowie der Wille durch das gelernte Wissen ein Ergebnis zu produzieren (vgl. Arenberg 2017, S, 24).

Fachkompetenz bezeichnet die Fähigkeit, erlerntes Wissen im Rahmen einer bestimmten Aufgabenstellung zielgerichtet und ohne Anleitung, dabei fachlich und methodisch richtig, anzuwenden und das entsprechende Produkt zu evaluieren. Dazu gehören auch Fähigkeiten wie logisches, analytisches, abstrahierendes und integrierendes Denken, sowie das Verstehen von Prozessabläufen (Richter 2007, S, 11). Ein klassisches Beispiel wäre eine abgelegte Ausbildung.

Methodenkompetenz ist eine analytische Kompetenz bestimmte Aufgaben und Probleme (z.B. Planung eines Arbeitsablaufes) zielgerichtet zu bearbeiten. Das Individuum muss hier, auf der Basis seines Wissens und Erfahrung, eigenverantwortlich Lösungsstrategien erdenken und ggf. bewerten oder an das entsprechende Problem anpassen. Methodenkompetenz zeichnet sich durch Kreativität und Eigeninitiative aus (vgl. Richter 2007, S, 12).

Sozialkompetenz beschreibt die Fähigkeit mit anderen ausreichend kommunizieren und arbeiten zu können (vgl. Arenberg 2017, S, 24). Richter sieht in der Sozialkompetenz außerdem die Fähigkeit soziale Beziehungen einzugehen und Emotionen oder Spannungen richtig zu bewerten. Ein Individuum ist sozialkompetent, wenn es die eigene Persönlichkeit kritisch reflektieren und angemessen mit anderen Menschen interagieren kann. Dazu gehört auch die Fähigkeit Solidarität zu zeigen. Richter hebt dazu die Lernkompetenz und die Kommunikationskompetenz als wichtig hervor (Richter 2007, S, 24). Zudem ist der Begriff Kompetenz von dem der Qualifikation abzugrenzen. Auch kann an dieser Stelle nicht mehr auf Mertens Modell der Schlüsselkompetenzen eingegangen werden (vgl. Arenberg 2017, S, 24).

Wie kann die Soziale Arbeit und Pädagogik also die Kompetenzen von Klienten fördern?

Neben zahlreichen anderen Methoden hat sich die Gruppenarbeit in Wohngruppen besonders bewährt. Auf gemeinsamen Ausflügen können durch Spiele ganz gezielt bestimmte Kompetenzen gefördert, aber auch der Entwicklungsstand bestimmter Jugendlicher auf einem Kompetenzfeld beobachtet werden. Eine Methode zur Förderung von Selbstkompetenzen (Berufs und Lebensplanung) in einem Gruppensetting ist das Spiel „Thesenbarometer" (vgl. Diaz / Tiemann 2006, S, 25). Der Ablauf beginnt damit, dass die Seminarleitung mit Klebeband eine 3-4 Meter lange Linie auf den Boden klebt. Jeweils am Ende der Line klebt ein Zettel mit der Aufschrift „stimmt nicht" oder „stimmt total". Die Seminarleitung stellt nun provokante und überspitze Fragen oder Aussagen in den Raum („Männer sollen ihre Familie alleine ernähren können!" oder „Arbeit ist uncool!") und die Jugendlichen müssen sich entsprechend ihrer Meinung zum Thema auf der Linie positionieren. Anschließend sollen die Jugendlichen zum entsprechenden Thema fünf Minuten selbstständig diskutieren. Danach kann die Seminarleitung einzelne Jugendliche zu ihrer Meinung befragen und diese kommentieren oder durch Argumente unterlegen oder dekonstruieren. Dabei ist es wichtig, nicht abwertend zu kommentieren, damit ein Gefühl des „Ernst-genommen-werdens" beim Jugendlichen entstehen kann (vgl. Diaz / Tiemann 2006, S, 25). Im Idealfall entsteht durch das Spiel eine Diskussion. Durch solche Spiele werden Kompetenzen auf ganz unterschiedliche Art und Weise gefördert. Befinden sich Jugendliche in einer Diskussion, so müssen sie zwangsläufig lernen mit Kritik und anderen Meinungen respektvoll umzugehen und ihre Emotionen diesbezüglich zu kontrollieren. Kritik anzunehmen und respektvoll zu äußern, ist eine der wichtigsten Selbstkompetenzen im späteren Berufsleben. Fühlt sich der Jugendliche während der Diskussion ernstgenommen, so fördert dies seine generelle Selbstsicherheit, auch wenn die Meinungen des Jugendlichen und die des Sozialarbeiters oder der Gruppe konträr verlaufen. Durch diese gewonnene Selbstsicherheit wird es wahrscheinlicher, dass der Jugendliche in der Zukunft wieder seine Meinung vertritt ohne dabei Repressionen fürchten zu müssen. Mangelnde Selbstsicherheit führt oft zu mangelnder Sozialkompetenz. Mehr Selbstsicherheit führt oft zu einem besseren Umgang in sozialen Situationen (vgl. Jugert, et. al., 2013, S, 16). Durch logische und emotionale Argumente kann ein Prozess des kritischen Denkens bei Jugendlichen angestoßen werden, was insbesondere zur Ausprägung von mehr Empathievermögen und Solidarität mit anderen führen kann. Emotionale Kompetenz führt dabei nachweislich zu mehr Sozialkompetenz.

„So sind beispielsweise Kinder, die fähig sind, die Gefühle anderer Personen nachzuempfinden – man spricht hier auch von Empathie – in ihrem Verhalten prosozialer und bei Gleichaltrigen beliebter" (Jugert et. al., 2013, S, 16).

So kann durch eine solche Gruppendiskussion zum Beispiel die Lebenswelt eines Obdachlosen diskutiert und eine emotionale Sensibilisierung der Jugendlichen erreicht werden. Im Idealfall entstehen durch solche Diskussionen zusätzlich neue Moralvorstellungen in den Klienten. Die Etablierung eines differenzierten Moralverständnisses ist dabei ein wichtiger Teil der Selbstkompetenz (vgl. Richter 2007, S, 11).

Besonders fordernd und interessant werden solche Diskussionsrunden bei Klienten aus verschiedenen Kulturräumen. Hier wird nicht nur die interkulturelle Kompetenz der Beteiligten, sondern auch die des Sozialarbeiters gefördert. Auch hier ist es wichtig, den Jugendlichen zu vermitteln, dass es keinen Absolutheitsanspruch auf eine bestimmte Moralvorstellung oder Lebenseinstellung gibt. Vielmehr geht es, wie bereits erwähnt, um gegenseitige Achtung einer „Andersartigkeit", möchte man als sozial kompetent gelten.

Auch kann über die Methode dieses Spieles der Entwicklungsstand in Bezug auf Kompetenzen eines Jugendlichen, zwar nicht unbedingt empirisch gemessen, aber zumindest beschrieben und eingeordnet werden. Treten während des Spieles bestimmte „unerwünschte" Verhaltensmuster auf oder sind einfache Diskussionen nicht möglich, da der Jugendliche seine Emotionen nicht kontrollieren kann, so ist zumindest von erhöhtem Förderungsbedarf in der Kompetenzentwicklung auszugehen. Sozialarbeiter können für eine gezielte Förderung von Kompetenzen dabei auf umfangreichste Methoden zurückgreifen. Die Methode sollte natürlich stets an die zu fördernde Kompetenz angepasst werden.

A2. Welchen Einfluss haben Emotionen auf das Lernen? Welche Argumente sprechen für deren Integration in den Lernprozess, welche dagegen?

Einleitend soll eine Definition des Begriffes Emotion vorgenommen werden. Emotionen werden dabei verstanden als:

> „[...] innere, psychische Prozesse. Charakteristisch ist vor allem ihr „gefühlter" Kern: Emotionen spürt man, sie sind keine reinen Gedankeninhalte. Jede Emotion ist durch ein für sie typisches psychisches Erleben gekennzeichnet. Dies wird auch als der „affektive" Kern einer Emotion bezeichnet" (Frenzel et al. 2015, S, 202).

Um die Auswirkungen von Emotionen auf den Lernprozess soweit möglich vollständig zu verstehen, sollen alle Komponenten von Emotionen und ihre Funktion kurz beschrieben werden. Gefühle haben eine physiologische Komponente, welche sich in zwei Bereiche gliedern lässt. Die zentral-physiologischen Prozesse, damit sind Erregungszustände des präfrontalen Kortex und der Amygdala gemeint, sowie peripher-physiologische Prozesse wie Muskeltonus, Herzrate, Hautleitfähigkeit und Atmung. Ein Beispiel für den Einfluss von Emotionen auf peripher-physiologische Prozesse, wäre das starke Schwitzen von Händen bei bestimmten Menschen vor einem Vorstellungsgespräch. Des Weiteren ist hier die motivationale Komponente zu nennen. Positiv-motivational wäre in diesem Fall die Lust zu entdecken und zu erforschen, während negativ-motivational Vermeidungs- und Fluchtverhalten auslöst (vgl. Frenzel et al. 2015, S, 207). Die expressive Komponente von Emotionen ist für verbale (Freudenschrei) und nonverbale (starres Gesicht bei Angst) Ausdrucksformen verantwortlich. Die affektive Komponente bestimmt, ob eine Situation als angenehm oder unangenehm empfunden wird. Als letztes ist hier die kognitive Komponente zu nennen. Diese Komponente beschreibt den Fakt, dass emotionales Erleben auch zugehörige positive oder negative Gedanken mit sich bringt. Schreibt zum Beispiel ein Schüler eine schlechte Note, so wird die negative

Emotion sicher von einem negativen Gedanken („Was werden meine Eltern sagen / denken") begleitet sein (vgl. Frenzel et al. 2015, S, 206 f.) Grundsätzlich kann angenommen werden, dass Emotionen sowohl positiven als auch negativen Einfluss auf den Lernerfolg eines Individuums nehmen können. Sind Gefühle negativ, lösen sie hemmendes- und Flucht-, oder Vermeidungsverhalten, aus.

Werden bestimmte Schulfächer mit dem Gefühl von Spaß in Verbindung gebracht, scheint das Lernen leichter zu fallen und auch die Motivation vorhanden zu sein.

Dabei kann nicht grundsätzlich davon ausgegangen werden, dass alle negativen Gefühle auch zu negativen Lernerfolgen führen, da zum Beispiel ein Gefühl der Angst auch zu einer vermehrten Auseinandersetzung mit dem Lernstoff führen kann (vgl. Frenzel et al. 2015, S, 207 f.). Die Lernpsychologen R. Pekrun, T. Goetz, W. Titz und P.Perry differenzieren hier in positiv deaktivierende und negativ deaktivierende, sowie positiv aktivierende und negativ aktivierende Emotionen (vgl. Perry 2002, S, 98).

Anschaulich stellt dies Thomas Götz dar. Er befragte im Rahmen einer Forschung einige Schüler zu ihrer emotionalen Einstellung gegenüber bestimmten Fächern. So äußerte sich ein Schüler wie folgt:

> *„Mathe macht mir immer Spaß, da übe ich immer zusätzlich und habe einen Plan, wie ich Sieger im nächsten Mathe-Wettbewerb werden könnte. Deutsch und English finde ich einfach langweilig, da denke ich nicht lange drüber nach und mache nur das Nötigste." (Thomas D. 10 Jahre) (vgl. Götz 2011, S, 186).*

An diesem Beispiel lässt sich klar die Auswirkung von bestimmten Emotionen (Spaß & Langeweile) auf das Lernverhalten aufzeigen.

> *„Die Parallelität der Wirkungen ist auf die enge Verknüpfungen von Emotion und Motivation zurückzuführen: Positive Emotionen beim Lernen sind unmittelbar mit Impulsen zu intrinsischen und erfolgsorientierten Formen der Motivation verknüpft, viele negative Emotionen (z.B. Angst, Langeweile) hingegen mit Meidensmotivation"* *(vgl. Götz 2011, S, 193).*

Die Forschung ist sich soweit einig, dass Emotionen bedeutsam für die Auslösung, Aufrechterhaltung oder Verringerung von Bemühungen in Lern- und Leistungssituationen sind (vgl. Frenzel et al. 2015, S, 213). Sehr wichtig ist in diesem Kontext auch die Einschätzung der eigenen kognitiven Kompetenzen. Wird Aufgrund vermeintlich mangelnder Kompetenz eine Matheaufgabe vom Schüler als unlösbar wahrgenommen, entsteht automatisch eine negative emotionale Reaktion. Es konnte dabei nachgewiesen werde, dass eine als höher eingeschätzte Kompetenz zu mehr Anstrengung und Investment in Hausaufgaben führte. Boekarts und Kollegen konnten herausarbeiten, dass Schüler mit einer hohen Kompetenzeinschätzung während der Bearbeitung von Aufgaben positive Emotionen erlebten, daher zu erhöhtem Arbeitsaufwand bereit waren und die Aufgabe als „kraftspendende Herausforderung" wahrnahmen. Negative Kompetenzeinschätzungen wiesen dabei umgekehrt proportionale Tendenzen auf (vgl. Frenzel et al. 2015, S, 206 f).

In der Diskussion um Emotionen im Lernalltag wird zudem zwischen „normalen" und sogenannten Leistungsemotionen unterschieden (vgl. Pekrun 2006, S, 315f.). Dadurch entsteht zwangsläufig die Frage danach, wie eine solche Leistungsemotion, im nicht biologischen Sinne (Gehirnchemie), überhaupt entsteht, denn eine Situation (z.B. eine vier in Mathe) kann von unterschiedlichen Individuen emotional unterschiedlich beurteilt werden. Um dieses Phänomen besser erklären zu können, hat die Emotionsforschung den Appraisal-Ansatz entwickelt. Demnach sind nicht die Situationen selbst der Auslöser für Emotionen, sondern die Interpretation derselben durch das Individuum oder die Gesellschaft. Es geht hier um kognitive Bewertungsprozesse der eigenen Person, also Selbst- und Fremdzuschreibung in bestimmten Situationen. Diese, dem Individuum zugeschriebenen Attribute, können auf verschiedenste Weise interpretiert werden und dann entsprechende Gefühle auslösen (vgl. Götz 2011, S, 33). Während sich ein Schüler über die Note drei sehr freut, so kann diese Nachricht einen anderen Schüler in eine tiefe Krise stürzen. Die positive bzw. negative Emotion entsteht also aus der Bewertung der Situation (z.B. eine vier in Mathe) durch den Schüler, Lehrer, Eltern und Gesellschaft. Smith und Lazarus (1993) unterteilten die Appraisals dabei in primäre und sekundäre Appraisals. Beim primären Appraisal wird die Bedeutsamkeit eines Ergebnisses (positiv, negativ, neutral) durch das Individuum beurteilt. Das sekundäre Appraisal untersucht, ob die Situation fremd- oder selbstverursacht ist. Welche Emotion erlebt wird hängt also von der kognitiven Interpretation des Appraisals ab (vgl. Frenzel et al. 2015, S, 215).

Pekrun entwickelte den Ansatz weiter und postuliert in seinem Kontroll-Wert-Ansatz, dass zwei grundsätzliche Bewertungsdimensionen von besonderer Bedeutung seien. Zum einen scheint eine subjektive Kontrollierbarkeit der Lern- und Prüfungssituation durch das Individuum von großer Bedeutung zu sein. Zum anderen scheint die Wertigkeit und persönliche Bedeutung für den Lernenden wichtig zu sein (vgl.

Frenzel et al. 2015, S, 219). Korreliert also eine zu hohe persönliche oder gesellschaftliche Bewertung der Situation (essentiell wichtig für die Versetzung) mit einer subjektiv wahrgenommenen Unkontrollierbarkeit oder einer niedrigen Kompetenzeinschätzung („das schaffe ich nie, ich weiß zu wenig"), können sich zum Beispiel bei Individuen mit Anfälligkeit für Prüfungsangst bereits aus der puren Bewertung heraus negative Emotionen entwickeln. Im Grunde wird die Lernsituation von Menschen mit Prüfungsangst durch die kognitive Bewertung zu einer Art selbsterfüllender Prophezeiung.

> *„Der Zustand einer prüfungsängstlichen Person ist durch körperliche Symptome, dem Bedürfnis nach Flucht und durch sorgenvolle Gedanken geprägt" (Frenzel et al. 2015, S, 226).*

Beim Vergleich von Schülern mit kognitiv gleichem Potential schnitten in empirischen Studien die Individuen mit Prüfungsangst deutlich schlechter ab. Ein signifikant hoher Anteil an Prüfungsängstlichen gab an, während der Prüfung negative Gedankeninhalte zu erleben. Die Aufmerksamkeit wird nicht auf die für die Prüfung notwendigen kognitiven Strategien gelenkt, sondern der Fokus liegt auf den negativen Folgen der Prüfungssituation. Zusätzlich zeigt sich durch die peripher-physiologische Komponente von Emotionen eine starke sympathisch-vegetative Reaktion („flight-or- fight"). Es werden vermehrt Adrenalin und Noradrenalin ausgeschüttet was zu Symptomen wie Herzrasen, Blutdruckanstieg, Gänsehaut, Pupillenweitung, Bauchschmerzen, Engegefühl, Harndrang bis hin zur Ohnmacht führen kann (vgl. Hülshoff 2006, S, 59f.). Vermeidungsstrategien (Covingtons Selbstwerttheorie 1992) beim Lernen oder das Fluchtverhalten während einer Prüfungssituation kann so als Schutz vor emotionaler Verletzung gesehen werden. Zudem weisen Prüfungsängstliche Defizite in der Lernstrategie auf, da sie durch negative Emotionen und Versagensängste eher auf sehr rigide und weniger auf verständnisorientierte und flexible Lernstrategien zurückgreifen. Es entsteht bei entsprechenden Schülern eine negative Rückkopplungsschleife (vgl. Frenzel et al. 2015, S, 227). Diese Rückkopplungsschleifen konnten dabei grundsätzlich in zwei Richtungen nachgewiesen werden.

> *„For example, through the process of emotional contagion, a teacher`s enthusiasm may stimulate excitement and positive affect in students, but having enthusiastic students in one`s class may in turn fuel the teacher`s enthusiam in teaching this class. Theoretically, such reciprocal linkages may take different forms, including both positive and negative feedback loops" (Perry 2002, S, 102).*

Emotionen können sich also positiv wie auch negativ auf den Lernprozess auswirken. Daraus ergibt sich die Frage wie und ob Emotionen im Lernalltag genutzt werden sollten.

Ein definitives Argument Emotionen in den Lernprozess zu integrieren ist der Zusammenhang zwischen Emotionen und intrinsischer und extrinsischer Motivation. Wie bereits gezeigt, verstärkt ein positives Gefühl den Willen weiter zu lernen, da nun der Lernprozess mit einem Gefühl der Freude in Verbindung gebracht wird (vgl. Schweer 2016, S, 222). Im Gegensatz zur Prüfungsangst entsteht hier eine positive Rückkopplungsschleife, welche im Idealfall dauerhaft aufrecht gehalten und gefördert werden kann. Es kann nach diesem Prinzip Sinn machen, bei lernschwachen und frustrierten Schülern oder Klienten den Stoff in möglichst kleine und verständliche Teile aufzuteilen. Wird einer dieser Teile dann erfolgreich bearbeitet, entsteht eine positive Emotion in Bezug auf den Stoff und das Lernen im Allgemeinen. Außerdem verändert sich die wahrgenommene Kompetenz und das Selbstwertgefühl. Es würde also darum gehen, Erfolgserlebnisse künstlich auszulösen, die Rückkopplungsschleifen auszunutzen und zu verstärken, damit das Individuum wieder Freude und Erfolg beim Lernen verspürt. Im Sinne der Appraisaltheorie wäre bei lernschwachen Schülern schon bei kleinen Erfolgserlebnissen eine sehr positive Bewertung des Lernergebnisses bzw. der Situation vorzunehmen, während bei Rückschlägen durch ein Anpassen der Bewertung Gefühle der Hoffnungslosigkeit beim Schüler zu verhindern wären, um die Motivation aufrecht zu erhalten.

Ebenso wird die extrinsische Motivation von Emotionen begünstigt. Verspürt ein Individuum, dass es sich auf ein Ziel oder Endprodukt zubewegt und dabei erfolgreich ist, so entsteht Vorfreude oder Zufriedenheit. Die Lernanstrengung wird als weniger belastend und leichter wahrgenommen (vgl. Frenzel et al. 2015, S, 219). Emotionen können gemeinsam mit bestimmten „Methoden" (Appraisal, Positiv-Feedback-Loop & Kompetenzförderung, Selbstwertvermittlung) als Werkzeuge erfolgreich im Lernkontext verwendet werden. Zudem hat die Gedächtnisforschung klar beweisen können, dass Probanden sich an Texte und Bilder besser erinnern konnten, wenn sie mit Emotionen verknüpft waren (vgl. Frenzel et al. 2015, S, 225). In diesem Kontext kann die Verwendung von Emotionen also durchaus Sinn machen.

Ein weiteres Argument, Emotionen in den Lernprozess zu integrieren, ist der Zusammenhang zwischen positiven Emotionen und der gewählten Lernstrategie und Selbstregulation und die Möglichkeiten, diese Gefühle zu steuern um die gewünschten Strategien bei Schülern und Klienten zu fördern. Es konnte nachgewiesen werden, dass positive Gefühle zu flexiblen Lernstrategien führen (vgl. Arenberg 2017, S, 60). Wie bereits weiter oben angerissen stellt sich folgender Sachverhalt dar. Hat ein Individuum Angst, so will es allen Stoff beherrschen und lernt folglich auswendig. Wer aber Freude an einem Thema entwickelt, kann eher auf der Verständnisebene lernen. Diese Form ist überlegen, denn sie fördert ein tieferes Verständnis der Materie. Bei positivem Erleben der Situation konnten Leistungssteigerungen und ein Anstieg an Konzentration nachgewiesen werden. Geht man in der Bearbeitung einer Aufgabe durch die positive Grundstimmung völlig auf, spricht man von „Flow". Auch die Selbstregulation wird bei positiven Gefühlen begünstigt. So stecken sich gute Schüler selbstständig Ziele und arbeiten in eigenem Tempo. Dies wirkt sich ebenfalls positiv auf den Prozess aus, da keine Fremdregulation stattfindet (vgl. Frenzel et al. 2015, S, 225f.). Selbstreguliertes Lernen führt zu einer Wahrnehmung sozialer Eingebundenheit, Autonomie und Kompetenz (vgl. Arenberg 2017, S, 60). Zudem muss davon ausgegangen werden, dass eine ständige Förderung von positiven Emotionen neben dem Lernprozess auch gesundheitlich zu empfehlen ist. Emotionen sind wichtige Bestandteile der psychischen Gesundheit (vgl. Hascher 2004). Schlussfolgernd ist anzunehmen, dass eine ständige Erregung durch Noradrenalin und Adrenalin aufgrund negativer Emotionen im Lernalltag und Prüfungssituationen schwere gesundheitliche Probleme wie Dauerstress nach sich ziehen kann. Zieht man diese Fakten zusammen, muss argumentiert werden, dass positive Emotionen im Lernalltag durch Pädagogen gezielt gesteuert werden sollten.

Im Grunde kann man von förderungspositiven und förderungsnegativen Emotionen sprechen. Während positive Emotionen gefördert werden sollten, sollten negative so weit wie möglich ausgeschlossen werden.

Es gibt aber auch Argumente, Emotionen weitestgehend aus dem Lernalltag auszuschließen. Emotionen verbrauchen kognitive Ressourcen. Wie bereits erläutert konzentrieren sich Individuen mit Prüfungsangst weniger auf die tatsächlichen Inhalte der Prüfung. Es konnte in zahlreichen Studien belegt werden, dass positive und negative Emotionen zu unrelevanten Gedankengängen während einer Lernsituation führen können.

„Emotions such as enjoyment, pride, admiration, anxiety, anger, or envy can relate tot he setting, other persons, or the self, thus producing task-irrelevant thinking, reducing cognitive resources available for task purposes, and impairing academic achievement" (Perry 2012, S, 97).

Gerade bei positiven Emotionen scheint dies allerdings nur bedingt der Fall zu sein, denn in einer von Götz (2004) durchgeführten Studie ergaben sich positive Korrelationen zwischen Freude und Konzentration. Der Verbrauch kognitiver Ressourcen schein also nur für bestimmte positive Emotionen zuzutreffen, während ein entsprechender Nachweis bei negativen Emotionen deutlich einfacher erbracht werden kann (vgl. Frenzel et al. 201, S, 224f.). Es sei an dieser Stelle an die bereits dargestellte Unterscheidung nach förderungspositiven und förderungsnegativen Emotionen verwiesen.

Es kann allerdings nicht komplett geleugnet werden, dass Emotionen kognitive Verarbeitungsprozesse behindern können. So ist zum Beispiel der Klassenalltag im Idealfall durch eine ruhige Atmosphäre gekennzeichnet, was sich positiv auf den Lernprozess auswirkt. Hier werden Emotionen gezielt reguliert und ausgeklammert um einen besseren Verarbeitungsprozess zu ermöglichen. Vereinfacht wird in der Lerntheorie das Lernen in vier Phasen aufgeteilt. Die erste Phase (Aneignungsphase) kann dabei wiederum in eine Aufmerksamkeitsphase und kognitive Verarbeitungsprozesse unterteilt werden. Es muss also während der Aneignung von Lernstoff eine gewisse Aufmerksamkeit vorhanden sein um das Wissen erfolgreich verarbeiten und reproduzieren zu können (vgl. Arenberg 2017, S, 48). Während dieses Prozesses wären übermäßige Emotionen folglich hinderlich für den Lernprozess.

Um ein weiters Argument gegen die übermäßige Verwendung von Emotionen im Lernalltag vorzubringen, soll hier kurz auf den Mechanismus der operanten Konditionierung eingegangen werden. Man versteht darunter:

„Form des Lernens, bei der ein Verhalten dadurch bekräftig wird, dass ihm ein Verstärker folgt, oder abgeschwächt wird, weil eine Bestrafung folgt" (Myers 2008, S, 354).

Entsteht durch die Lernsituation eine positive Konsequenz in Form von emotionaler Zuwendung durch die Eltern, wird das Kind folglich dahingehend konditioniert. Ist die Ausgangssituation allerdings negativ (z.b. eine vier in Mathe), lernt das Kind, dass die Konsequenzen negativ sind, da die emotionale Reaktion der Eltern eine andere ist. Die Situation wird folglich mit Schmerz in Verbindung gebracht.

Wurde das Kind so konditioniert, dass emotionale Zuwendung vermehrt an schulische Leistungen gekoppelt wurde, wird das Kind folglich versuchen ein gutes Ergebnis zu erzielen um die Folgen einer positiven Konsequenz seines Handelns (emotionale Zuwendung) zu erreichen. Im schlimmsten Fall allerdings wird es gar nicht mehr in die Lernsituation investieren, da das Ergebnis mit emotionalem Schmerz bzw. Minderwertigkeit in Verbindung gebracht wird. Minderwertigkeit entsteht dabei aus dem Zweifel an der eigenen Kompetenz. Schlägt man nun den Bogen zu Covington`s Selbstwerttheorie, wird das Problem noch sichtbarer.

> *„Die Kernaussage seiner Theorie besagt, dass der Selbstwert von Personen (also die Überzeugung, wertvolle und liebenswerte Menschen zu sein und sich selbst akzeptieren zu können) auch eng an ihre Erfolge und Kompetenzüberzeugungen geknüpft ist" (Frenzel et al. 201, S, 225).*

In der heutigen Leistungsgesellschaft darf nicht der Fehler begangen werden Erfolg und Misserfolg mit der Wertigkeit einer Person gleichzusetzten (vgl. Frenzel et al. 201, S, 215f.). Emotionale Zuwendung darf nicht an Erfolg und Misserfolg gekoppelt werden, denn insbesondere Kinder können die dargestellte Unterscheidung nicht treffen, wenn sie diesbezüglich falsch konditioniert wurden. Emotionale Reaktionen können allerdings nicht einfach abgestellt werden. Allerdings ist eben vor der hier beschrieben Thematik ein reflektierter Umgang mit dem Mechanismus der Konditionierung anzuraten. Schulische oder sonstige Erfolge dürfen für das Kind nicht die einzige Quelle emotionaler Zuwendung durch die Eltern sein. Es kann vor diesem Hintergrund also durchaus Sinn machen, Emotionen im Lern- und Leistungskontext, zwar nicht vollständig zu unterdrücken, aber zumindest zweckmäßig zu dosieren.

Auch muss an dieser Stelle das Schulsystem im Allgemeinen angesprochen werden und abschließend zumindest gefragt werden, ob es dem emotionalen Haushalt von Kindern zuträglich ist, sie permanent einer solchen Bewertungssituation durch erwachsene Bezugspersonen auszusetzen.

A3. Die Bedürfnispyramide von Maslow – Evaluation einer Anwendbarkeit am Beispiel der Lebenswelt von Obdachlosen

Um eine Anwendbarkeit der Bedürfnispyramide auf die Lebenswelt Obdachloser zu prüfen, soll als erstes klar werden, was genau unter Maslows Theorie zu verstehen ist. Auch gilt es an dieser Stelle kurz zu definieren, was genau unter Obdachlosigkeit subsummiert wird und wie eine entsprechende Lebenswelt aussieht.

Im Anschluss sollen exemplarisch einzelnen Aspekte der Bedürfnispyramide auf die Lebenswelt übertragen werden und die Anwendbarkeit diskutiert werden.

Abraham Maslow war ein Vertreter der humanistischen Strömung innerhalb der Psychologie. Dieses Menschenbild steht dem behavioristischen (Reiz-Reaktions-Schema) und den psychoanalytischen Ansätzen gegenüber.

Das humanistische Bild spricht dem Individuum ein hohes Maß an persönlicher Autonomie zu. Es erkennt das menschliche Streben nach Selbstverwirklichung an und sieht den Menschen in seinem Handeln als ziel- und sinnorientiert. Es betont zudem den Aspekt der Ganzheitlichkeit, denn physiologische und psychologische Vorgänge stehen in einem Interdependenzverhältnis (vgl. Arenberg 2016, S, 62). Nach Maslow sind Bedürfnisse in einer Bedürfnishierarchie geordnet. Höhere Bedürfnisse gewinnen dabei erst nach der Befriedigung von niedrigen Bedürfnissen an Bedeutung. So wird ein stark hungriger Mensch als erstes seinen Hunger stillen und alle anderen Ziele vorerst ausblenden (vgl. Arenberg 2016, S, 62). Maslow beschrieb dabei die ersten vier Stufen seiner Pyramide als Mangel- bzw. Defizitbedürfnisse. Selbstverwirklichung ist im Gegensatz dazu ein Wachstumsbedürfnis. Die hierarchische Gliederung verläuft dabei wie folgt:

Physiologische Bedürfnisse wie Atmung, Hunger, Durst und Schlafen stehen auf der untersten Ebene, gefolgt von den Sicherheitsbedürfnissen Schutz und Vorsorge. Anschließend sind die sozialen Bedürfnisse Kontakt, Liebe und Zuneigung zu nennen. Als letztes Defizitbedürfnis ist das Wertschätzungsbedürfnis Anerkennung, Status und Prestige aufzuführen. Das Dach der Pyramide bildet das Wachstumsbedürfnis der persönlichen Selbstverwirklichung (vgl. Arenberg 2016, S, 63).

Im Anschluss soll nun erläutert werden was unter Wohnungslosigkeit zu verstehen ist.

Die BAG Wohnungslosenhilfe spricht für 2018 eine Prognose von 1,2 Millionen wohnungslosen Menschen in der Bundesrepublik aus. 2016 waren 860.000 Menschen ohne eine Wohnung und seit 2014 ist eine Steigerung um ca. 150% zu verzeichnen.

440.000 davon leben als geduldete Flüchtlinge in Gemeinschaftsunterkünften. Laut BAG war die Situation aber bereits vor der Flüchtlingskrise schwierig (vgl. BAG 2018). Zieht man die Flüchtlinge als Zahl wieder ab, da über sie keine langfristigen statistischen Daten verfügbar sind, leben in Deutschland ca. 52.000 Menschen ohne Wohnung auf der Straße. 390.000 Wohnungslose leben in Wohngemeinschaften oder entsprechenden Einrichtungen. 32.000 wohnungslose Kinder und Jugendliche sind laut BAG zu verzeichnen (vgl. BAG 2018).

Dabei können nicht alle obdachlosen Menschen automatisch als wohnungslos klassifiziert werden. Bei Wohnungslosen handelt es sich oft um alleinstehende Menschen mit besonderen psychosozialen Schwierigkeiten, welche sozialarbeiterische Maßnahmen notwendig werden lassen (vgl. Holtmannspötter 2002, S, 14f.). Der weitere Verlauf dieser Arbeit setzt sich besonders mit dieser Personengruppe auseinander um die Anwendbarkeit der Bedürfnispyramide zu veranschaulichen.

Es soll nun der Versuch unternommen werden einige Probleme Wohnungsloser Menschen näher zu beschreiben, um zu verstehen, welche Bedürfnisse hier entstehen.

So kann aufgeführt werden, dass bei etwa 60 bis 80 Prozent der wohnungslosen Männer eine starke Alkoholsucht vorliegt. Aber auch andere psychotrope Substanzen werden von Wohnungslosen konsumiert (vgl. Breitner 2010, S, 25). Drogen befriedigen dabei verschiedene Bedürfnisse auf unterschiedlichen Ebenen. So dienen sie als Nahrungsersatz, Schlafmittel, Medizin, Wärmespender aber auch zur Befriedigung eines Gefühls fehlender sozialer Beziehungen (vgl. Petry 1984, S, 19f.).

Dadurch entwickeln sich starke Abhängigkeiten, welche nach der Bedürfnispyramide auf gleicher Stufe wie das Bedürfnis nach Nahrung anzusiedeln sind. Ein entsprechendes Individuum wird also zuerst seine Sucht befriedigen und sich anschließend um das nächste Bedürfnis, z.B. das eines Schlafplatzes, kümmern.

Das Bedürfnis nach der Droge nimmt eine, gegenüber dem Bedürfnis nach einem Schlafplatz, höhere Dringlichkeit ein. Sicherlich fließen hier die Arbeitsfelder der akzeptanzorientierten Arbeit mit Drogenabhängigen und der Wohnungslosenhilfe zusammen. Ein abhängiger Mensch wird keine sozialarbeiterische Hilfe annehmen können, solange das Bedürfnis nach einer Droge besteht. Deshalb gibt es in vielen Städten sogenannte Drogenkonsumräume. Ist das Bedürfnis nach der Substanz befriedigt, kann durch Sozialarbeiter an Bedürfnissen der gleichen oder nächst höheren Stufe gearbeitet werden. Drogen verstärken dabei bereits vorhandene psychologische Diagnosen oder lösen diese aus.

Es konnte ein starker Zusammenhang zwischen psychischen Krankheitsbildern und Wohnungslosigkeit nachgewiesen werden. Zu den häufigsten psychischen Erkrankungen zählen bei wohnungslosen Männern neben Drogensucht vor allem Depressionen. Bei Frauen ist die generelle Alkoholsucht weniger ausgeprägt, dafür werden Schizophrenie und affektive Störungen häufiger diagnostiziert. Generell treten körperliche Erkrankungen wie Hauterkrankungen, Infektionskrankheiten, Atemwegserkrankungen, Tuberkulose und HIV bei wohnungslosen Menschen deutlich häufiger als in der Normalbevölkerung auf. Nur etwa 5 Prozent dieser Menschen befinden sich dabei in ärztlicher Behandlung (vgl. Breitner 2010, S, 35f.). Auch hier kann davon ausgegangen werden, dass andere Bedürfnisse, wie Nahrungsaufnahme oder einen sicheren Schlafplatz zu finden, gegenüber den gesundheitlichen Problemen eine höhere Priorität einnehmen (vgl. Holland 1996, S, 299f.). Hier kann also klar festgehalten werden, dass sozialarbeiterisches Handeln bei den physiologischen Grundbedürfnissen anfangen muss, um sich dann in der Bedürfnishierarchie nach oben arbeiten zu können.

Wohnungslose Menschen zeichnen sich zudem in hohem Maße durch ihre soziale Isolation aus. Sehr selten gibt es Angehörige oder Freunde. Wie bereits erwähnt wird das Bedürfnis nach sozialen Kontakten oft durch Drogen gelindert. Das Bedürfnis nach Kontakt und Zuneigung kann sich, ähnlich wie bei alten Menschen, durch erhöhten Rede- und Mitteilungsdrang bei Kontaktaufnahme äußern. In Studien konnte gezeigt werden, dass Wohnungslose häufiger an Bindungsstörungen leiden, also nur schwer dauerhafte Partnerschaften pflegen können (vgl. Breitner 2010, S, 35).

Das Bedürfnis nach Liebe und Zuneigung durch einen Partner bleibt unbefriedigt.

Denkbar wäre, dass die Vielzahl an zu erfüllenden Bedürfnissen und der Kampf auf dem Weg dorthin es unmöglich werden lässt, sich um die Bedürfnisse eines Partners zu kümmern.

Auch in den zahlreichen Hilfeformen für Wohnungslose lässt sich die Theorie der Bedürfnispyramide wiedererkennen. In niedrigschwelligen ambulanten Einrichtungen steht als erstes die Befriedigung von Bedürfnissen und dann erst sozialarbeiterisches Handeln an. Diese Hilfeeinrichtungen kümmern sich ganz konkret um die Ernährung, Kleidung, Körperhygiene und medizinische Versorgung. Erst im nächsten Schritt wird der Klient über Rechte, Ansprüche und Lösungsmöglichkeiten informiert (vgl. Breitner 2010, S, 43). Die Hilfe baut also auf der Befriedigung physiologischer Bedürfnisse auf.

Erst nach der Befriedigung der grundlegenden physiologischen Bedürfnisse wird im nächsten Schritt durch Hilfeeinrichtungen oder Sozialarbeiter versucht, die Klienten bei der Suche nach einer Wohnung (Bedürfnis nach Schutz und Vorsorge) zu unterstützen. Oft geht man auch den Weg über die temporäre Unterbringung von Klienten in entsprechenden Wohngruppen (vgl. Breitner 2010, S, 45).

Die Hilfe für wohnungslose Menschen basiert vielfach auf dem Konzept der Einzelfallhilfe. Case-Management-Konzepte eignen sich besonders gut um die einzelnen Bedarfe des Klienten zu erfassen und eine geeignete Hilfe zu erarbeiten.

Es kann in Folge dieser Zielvereinbarung auch zu einer vollstationären Unterbringung kommen. Es kann sich dabei um normale Wohngruppen oder psychiatrische Einrichtungen handeln. Gerade bei Gewaltopfern kann ein starkes Bedürfnis nach Schutz bestehen. Durch die dauerhafte Unterbringung des Klienten kann eine Stabilisierung erreicht werden um anschließend an den Bedürfnissen der nächsten Ebenen (Sozialkontakte, Anerkennung und Wertschätzung) zu arbeiten. Durch eine vollstationäre Unterbringung wird allerdings auch direkt das Bedürfnis der sozialen Wertschätzung befriedigt. Auch durch die aufsuchende soziale Arbeit werden grundlegende Bedürfnisse befriedigt. So gibt es in vielen Städten so genannte Behandlungsbusse zur Behandlung von Krankheiten (vgl. Rosenke 2007, S, 9).

Es muss an dieser Stelle vermerkt werden, dass nicht alle Aspekte einer Anwendbarkeit der Bedürfnispyramide auf die Lebenswelt von Wohnungslosen hier aufgezählt und beschrieben werden können. Auch sollen nicht alle Formen der Hilfe beschrieben werden. Es kann abschließend gesagt werden, dass die

Bedürfnispyramide in der Welt der Wohnungslosenhilfe beobachtet werden kann. Sie kann dem Sozialarbeiter dabei helfen die einzelnen Bedürfnisse der Klienten in einen sinnvollen Ablauf zu bringen. Eine Hilfe muss zielgerichtet stattfinden, dabei kann Maslows Theorie helfen. In Einrichtungen der Wohnungslosenhilfe können grundlegende Bedürfnisse befriedigt werden. Dabei ist auch festzuhalten, dass Sozialarbeiter keinesfalls allen Bedarfen gerecht werden können. Beim Sozialbedürfnis nach Partnerschaft und sozialer Zuwendung kann der Sozialarbeiter nur bedingt tätig werden. Zwar erfolgt in Einrichtungen eine Anerkennung und Wertschätzung der Klienten, allerdings kann diese Bedürfnisebene auch anders verstanden werden. Diese Ebene kann auch als eine gesamt-gesellschaftliche Form der Anerkennung von Individuen interpretiert werden. Zwar kann der Sozialarbeiter bei der Wiedereingliederung ins Arbeits- und Gesellschaftsleben helfen, allerdings ist hier ein langer Zeitraum und eine ausgeprägte Selbstständigkeit der Klienten unerlässlich.

Die hierarchische Strukturierung der Bedürfnispyramide bildet die steigende Komplexität der Bedürfnisse ab - vom Bedürfnis der bloßen Nahrungsaufnahme bis hin zum Wachstumsbedürfnis der individuellen Selbstverwirklichung. Die Einflussnahme und die Hilfstätigkeiten des Sozialarbeiters nehmen in den oberen Bedürfnisebenen immer weiter ab. Bestehen also viele Probleme bei der Befriedigung von Bedürfnissen der unteren Ebene, nimmt die Wahrscheinlichkeit einer Hilfsbedürftigkeit vermutlich zu.

Persönliche Selbstverwirklichung kann ultimativ nur vom Individuum selbst umgesetzt werden. Als Kritikpunkt bleibt anzumerken, dass Selbstverwirklichung als Bedürfnis keinesfalls bei allen Individuen in gleichem Maße wichtig erscheint. Vielmehr scheint diese Pyramide, in der psychologischen Tradition des Humanismus stehend, die Einzigartigkeit und das Selbstentwicklungspotential stark zu betonen. Es geht um das Individuum. Komplizierter kann dieses Konzept in der zunehmend multikulturellen Arbeit mit Klienten werden, da nicht alle Kulturen das Individuum im gleichen Maße hervorheben und sich folglich andere Bedürfnislagen ergeben können.

Literaturverzeichnis

Arenberg, Petra (2016): Studienbrief SRH Fernhochschule. Einführung in die theoretischen Ansätze der Psychologie: The mobile University, Riedlingen

Arenberg, Petra (2017): Studienbrief SRH Fernhochschule. Grundlagen der Pädagogik für die soziale Arbeit: The mobile University, Riedlingen

BAG Wohnungslosenhilfe e.V. (2018): Zahl der Wohnungslosen.
Unter: http://www.bagw.de/de/themen/zahl_der_wohnungslosen/index.html
(Abgerufen: 16.06.2018).

Breitner, Ludwig (2010): Möglichkeiten und Grenzen der Sozialen Arbeit in der Wohnungslosenhilfe: Hochschule Neubrandenburg

Diaz, Miguel & Tiemann Rolf (2006): Methoden zur Förderung sozialer Kompetenzen und zur Berufs – und Lebensplanung von Jungen; in: Ein Reader für soziale Gruppenarbeit mit Jungen; Neue Wege für Jungs; Kompetenzzentrum Technik-Diversity-Chancengleichheit e.V.
Unter: https://neue-wege-fuer-jungs.de/Neue-Wege-fuer-Jungs/Praxis/Methodenreader
(Abgerufen: 03.05.18)

Erpenbeck, J./ Rosenstiel, L.v. (2003): Handbuch der Kompetenzmessung; Kempten

Erpenbeck, J. (2002): Kompetenz und Performanz im Bild moderner Selbstorganisationstheorie; in: Berufsbildung für eine globale Gesellschaft Perspektiven im 21. Jahrhundert.
Unter:http://www.forschungsnetzwerk.at/downloadpub/erpenbeck_03_4_2002.pdf
(abgerufen: 01.05.18)

Frenzel, A.C., Götz, T. & Pekrun, R. (2015): Emotionen. In E. Wild & J. Möller (Hrsg.), Pädagogische Psychologie. Springer-Lehrbuch, 2., vollst. überarb. und aktualisierte Auflage. Berlin, Springerverlag

Götz, Thomas (2011): Emotion, Motivation und selbstreguliertes Lernen. Ferdinand Schöningh Verlag, Paderborn

Hasher, T. (2004): Schule positive Erleben. Erkenntnisse und Ergebnisse zum Wohlbefinden von Schülerinnen und Schülern. Bern, Schweiz: Haupt.AG

Holland, A.C. (2016): The mental health of single homeless people in Northampton hostels. In: Public health 110. S. 299-303

Holtmannspötter, H. (2002): Alleinstehende Wohnungslose. In: Deutscher Verein für öffentliche und private Fürsorge. Fachlexikon der sozialen Arbeit. 5. Aufl., Frankfurt

Hülshoff Thomas (2006): Emotionen – Eine Einführung für beratende, therapeutische, pädagogische und soziale Berufe. Ernst Reinhardt Verlag München Basel.

Müller-Ruckwitt, A. (2008): „Kompetenz" – Bildungstheoretische Untersuchungen zu einem aktuellen Begriff; Würzburg (2008) Ergon Verlag

Petry, J., (1984): Nichtsesshaftenalkoholismus. Eine Gruppenanalyse. In: Verhaltenstherapie und psychologische Praxis Aufl. 16 S. 19-25

Richter, Andreas (2007): Ergänzungsmaterial zur Veranstaltung „Fachdidaktik 1". Pädagogische Hochschule Freiburg.
Unter:https://home.ph-freiburg.de/richter01fr/RI_Bildung_Kompetenz_%28Schlüssel%29Qualifikation.pdf
(abgerufen: 14.06.18)

Rosenke, W. (1996): Weibliche Wohnungsnot. Ausmaße, Ursachen, Hilfsangebote. In: Wohnungslos 383, S. 77-81

Roth, Heinrich (1971): Pädagogische Anthropologie: Entwicklung und Erziehung – Grundlagen einer Entwicklungspädagogik; Hannover, Hermann Schroedel Verlag

Jugert, Rehder, Notz & Petermann (2013): Soziale Kompetenzen für Jugendliche: Grundlagen und Training. Belz Juventa Verlag, Weinheim Basel

Pekrun, R. (2006): The control-value theory of achievement emotions: Assumptions, corollaries, and implications for educational research and practice. Educational Psychology Review, 18, 315-7341.

Perry, Raymond (2002): Academic Emotions in Students – Self Regulated Learning and Achievement: A Program of Qualitative and Quantitative Research. Educational Psychologist 37 pp. 91-106
Unter: http://nbn-resolving.de/urn:nbn:de:bsz:352-138856 (abgerufen: 01.05.2018)

Weinert, F.E. (2001): Concept of competence: a conceptual clarification; in: Rychen, D. S./ Salganik, L.H. (Hrsg.): Defining and selcting key competencies; Bern; S. 4565

White, R. W. (1959): Motivation reconsidered: The concept of competence; in: Psychol. Rev. Bd. 66; S. 297-333

Wittke,G. (2006): Kompetenzerwerb und Kompetenztransfer bei Arbeitssicherheitsbeauftragten. Unter:http://www.diss.fu-berlin.de/diss/servlets/MCRFileNodeServlet/FUDISS_derivate_000000002654/04_005_Wittk e.pdf;jsessionid=0D0E407583FC578CF8525EBDD3B03D2B?hosts (abgerufen: 01.05.2018)